图书在版编目（CIP）数据

强秦弱楚——张仪／管宝超编著．—长春：吉林
出版集团有限责任公司，2011.4（2022.1 重印）
ISBN 978-7-5463-5043-1

Ⅰ．①强… Ⅱ．①管… Ⅲ．①张仪（？～前 310）–
生平事迹 Ⅳ．① K827=31

中国版本图书馆 CIP 数据核字（2011）第 053479 号

强秦弱楚——张仪

QIANGQIN RUOCHU ZHANGYI

主编／ 金开诚　编著／管宝超

项目负责／崔博华　责任编辑／崔博华　高原媛

责任校对／高原媛　装帧设计／柳甬泽　徐 研

出版发行／吉林文史出版社　吉林出版集团有限责任公司

地址／长春市人民大街4646号　邮编／130021

电话／0431-86037503　传真／0431-86037589

印刷／三河市金兆印刷装订有限公司

版次／2011 年 4 月第 1 版　2022 年 1 月第 6 次印刷

开本／650mm×960mm　1/16

印张／9　字数／30千

书号／ ISBN 978-7-5463-5043-1

定价／34.80元

前　言

　　文化是一种社会现象，是人类物质文明和精神文明有机融合的产物；同时又是一种历史现象，是社会的历史沉积。当今世界，随着经济全球化进程的加快，人们也越来越重视本民族的文化。我们只有加强对本民族文化的继承和创新，才能更好地弘扬民族精神，增强民族凝聚力。历史经验告诉我们，任何一个民族要想屹立于世界民族之林，必须具有自尊、自信、自强的民族意识。文化是维系一个民族生存和发展的强大动力。一个民族的存在依赖文化，文化的解体就是一个民族的消亡。

　　随着我国综合国力的日益强大，广大民众对重塑民族自尊心和自豪感的愿望日益迫切。作为民族大家庭中的一员，将源远流长、博大精深的中国文化继承并传播给广大群众，特别是青年一代，是我们出版人义不容辞的责任。

　　本套丛书是由吉林文史出版社和吉林出版集团有限责任公司组织国内知名专家学者编写的一套旨在传播中华五千年优秀传统文化，提高全民文化修养的大型知识读本。该书在深入挖掘和整理中华优秀传统文化成果的同时，结合社会发展，注入了时代精神。书中优美生动的文字、简明通俗的语言、图文并茂的形式，把中国文化中的物态文化、制度文化、行为文化、精神文化等知识要点全面展示给读者。点点滴滴的文化知识仿佛颗颗繁星，组成了灿烂辉煌的中国文化的天穹。

　　希望本书能为弘扬中华五千年优秀传统文化、增强各民族团结、构建社会主义和谐社会尽一份绵薄之力，也坚信我们的中华民族一定能够早日实现伟大复兴！

目录

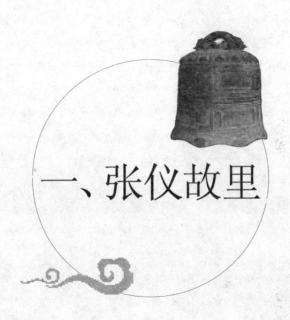

一、张仪故里

关于张仪的祖籍及家世，《史记·张仪传》《吕氏春秋涯》《史记正义》等文献均有记载，且观点基本上是一致的，即：张仪是战国时期魏国人，系晋大夫张老的庶支，居地在名叫"清河"一带的"河东""西张城"。而据考证，"西张城"即今天河南省濮阳市市区胡村乡张仪村，有以下五个证据可以证明：

第一，张仪村为春秋时晋地、战国时

魏地。这个村子位于今天河南省内黄县
东南、清丰县西南，与濮阳市区交界处。
根据这个村在清朝同治年间所立的《铁
佛寺碑》和内黄、清丰两县旧志记载，此
地曾先后属内黄、顿丘、清丰县地，1994
年划归濮阳县。清朝光绪年间，续编的
《内黄县志》记载：内黄春秋时期属于晋
国，战国时期属于魏国。唐代李吉甫《元
和郡县图志》记载说，清丰本来是汉内黄
县的土地，大历七年于清丰店置，沿袭下
来用清丰的名字。郦道元的《水经注·淇

水》上记载：顿丘这个地方，《古文尚书》上说是观地，因为太康五君名号是观者，《竹书纪年》上提到说晋定公三十一年定都城于顿丘。从以上方面文献的记载来看，张仪村不论后来属于内黄、顿丘还是清丰，这些地方在春秋时期都属于晋国，战国时期属魏国。

第二，张仪村位于战国时期的黄河东岸。古代文献中的"河"指的都是黄

河。"河东",就是黄河以东的地区。根据《光绪开州志》记载,古代黄河自河南滑县流入此地,向北穿过开州的小屯庄、张家庄、聂固等村,经过戚城由西转向东北进入清丰县的境内,这是西汉以前的黄河流向。班固的《汉书·武帝纪》中记载,元光三年,黄河水从顿丘的东南地区流入渤海。夏天的时候,黄河在濮阳地区决口,淹了十六个郡县,政府发兵十万去抢险救灾。以上文献所记

载的西汉以前的黄河故道流行的遗迹依然可以辨识出来,循着遗迹可以找到张仪村,就位于戚城西北部二十里的黄河故道东岸。

第三,张仪村一带曾经因为古清河而得名"清河"。对于"清河"一词,《辞海》里的解释有五项:一是古河名,有两支,一支源出于今天河南内黄县以南;一支为古济水以下的别称。二是古郡名,为西汉时期设置,地点在今天河北清河县

一带。三是古国名，为东汉时期设置，地点在今天山东临清市东面。四是旧县名，在南宋时期设置的，地点在今天江苏省清江一带。五是今县名，为隋朝时设置，就是今天的河北省清河县。只有今天的河南省濮阳市市区胡村乡张仪村一带，才是战国时期张仪的故里清河。

第四，张仪村原名张城。今天张仪村是一个居民聚居地片名，这个居民片落有张、尹、李、常、魏、许、王、陈等八个姓

氏，同姓的聚居划分为七个自然村，俗称
"七张仪"，现在合为一个行政村，全村
共有600余户，2550人，总耕地5400亩。
其中张姓仅存4户。考察他们的来源，村
民都说除了张姓是老户，是在明代移民前
就已在当地以外，其余七个姓氏都是明
代外地移民的后裔。八个姓氏之中，仅仅
李、尹两个姓氏存有族谱。根据清代光
绪二十五年续编的《李氏族谱》记载，李
氏出自陇西，然后遍布天下。明代洪武年

间，自洪洞迁往开州北面的王家庄后，自王家庄移居清代城邑张仪村。根据清代光绪年间续编的《尹氏家谱》上的记载，尹氏是周王室吉甫的后裔，世代居住在山西的洪洞地区，明代成化年间迁徙到清代城邑张仪村。可惜张姓家谱失传，对于他们的世系无法调查考证。探索他们村名的来源，村民们都说世代相传，这个村原名叫作张城，是战国时期秦国丞相张仪的故里，因张仪曾挂七国相印，誉载

史册，村人引以为荣，大都以张仪的名字
作为村名，但是至今仍然有"张仪""张
城"两个村名混称的。

第五，张仪村至今流传着许多关于
张仪的故事和传说，村里的农耕老夫，
虽然没有多少文化，但是一提到张仪
的故事，如"张仪的舌头""六百里与六
里""张仪伐苏秦"等都是滔滔不绝，讲
得有声有色。

　　总之，综合上面五条证据关于张仪的家世和祖籍居住地以及张仪村的历史沿革、地理位置等方面的考察分析，可以得出一个结论：战国时期纵横家张仪的故里就在今天河南省濮阳市市区胡村乡张仪村。

二、开封张仪墓

　　张仪墓位于今天河南省开封城东开
兰公路北侧的宴台河村,西面距离曹门五
公里,南面与三公里处的汉代张耳墓隔
边村相望,东面四公里处有南神岗汉墓
群,东北面与十公里处的仓颉墓(也叫做
仓王城)及其造字台遥相呼应。这一带自
古以来地势较高、林木繁茂、风景秀丽,
人称"风水宝地",所以古墓葬比较多。

　　张仪墓占地一亩余,居宴台河村内南

北街中段西侧，东临街道，南、北、西三
面都临近民居房屋，墓坑周围花木扶疏，
与房舍连成一片。据调查，张仪墓原为长
方形高台，土质坚硬，与周围沙壤迥然有
别。后来，人们都认为墓地有灵性，用墓
土垒锅灶或洒在锅台上可以避蚂蚁和蚊
蝇，遂挖土垒锅台或盖房屋。年长日久，
张仪的墓地就变成了一处凹坑。1989年
10月，东郊乡政府和村委会在张仪墓东

南端靠近街道处树立了一通石碑，碑文记载了宴台河村的来历及沿革。宴台河村原名砚台，也叫做北砚台，距它东南三公里的张耳墓村称为南砚台。宋代的《北道刊误志》上记载，张耳墓因为它的形状像砚台，所以起名为砚台；张仪墓在乐安乡，形状也似砚台，所以也起名为砚台。那么，砚台或者北砚台的村名为什么演变成

了宴台河村呢？传说，明清时期黄河经常
泛滥成灾，曾经流至这个村的北头，冲出
一个大河口，遂称这个村子为砚台河。又
因为村西北与北宋时期古宴台遗址相距
仅一公里，"砚"和"宴"两个字谐音，久
而久之，便逐渐传为宴台河村了。

　　张仪及其墓地在开封的情况，已故
李村人某先生在《开封名胜古迹散记》一
书中有下面的记述："张仪墓在城东北七
里北砚台。张仪，魏人，初和洛阳苏秦、

齐国孙膑、魏国庞涓等学艺于鬼谷。孙、庞学兵法，苏、张学游说。仪以连横之说仕于秦惠王，后为丞相十一年，周显王四十六年（公元前323年）又为魏相年余。周靓王四年（公元前317年）任齐相，最后归大梁死于大梁。"在这段文字记载中，前半部分记述张仪的事迹比较可信，而后半部分却有谬误。张仪担任魏相是第一次，不是"又为魏相"，也不是"年余"，

而是从周显王四十七年（公元前322年）
至周靓王二年（公元前319年），共四年。
所谓的周靓王四年（公元前317年）任齐
相也有错误，不是担任齐国的相国，而是
复任秦相，张仪两次相秦共十一年。张仪
最后归大梁且死于大梁是正确的。

张仪是魏国人，最后复为魏相，然后
去世，葬于魏都大梁（今河南省开封），是
可以肯定的，不可能葬于其他诸侯国所

在地。关于张仪墓，除宋《北道刊误志》所记载的以外，明代《汴京遗迹志》（汴京是开封古名）、《开封府志》、清代《祥符县志》、《宋东京考》等，都记载张仪墓在开封城东七里或者城东北七里的砚台或北砚台（就是今天的宴台河村）。古书上说的七里，应为约数，后代相继沿袭传开来。现今根据实测张仪墓距曹门5公里。开封之张仪墓，史料记载与传说一致，可谓是确凿无疑。

三、楚国受辱，友人讥讽

《史记·张仪列传》记载："尝从张仪已学游说诸侯。尝从楚相饮，已而楚相亡璧，门下意张仪，曰：'仪贫无行，比此盗相君之璧。'共执张仪，掠笞数百，不服。其妻曰：'嘻！子毋读书游说，安得此辱乎？'张仪谓其妻曰：'视吾舌尚在不？'其妻笑曰：'舌在也。'仪曰：'足矣。'"这个故事讲的是：张仪在学业完成以后，便去游说诸侯。有一次，他在楚

相令尹那里赴宴饮酒。席散后，令尹发现自己身上佩戴的玉璧不见了，相府的幕客们都认为是张仪偷的。他们说："张仪这个人，又穷，品德也不见得有多好。偷相国玉璧的，一定是他！"于是众人捉住张仪，打了他几百竹板。张仪死活都不承认，大家也没有办法，只好把他给放了。回到家里，张仪的老婆叹着气说："唉，你如果不去读书游说，又怎会遭到这般侮辱呢？"张仪对妻子说："你看看我的舌头还在吗？"妻子禁不住笑着回答："舌头当然还在啰。"张仪说："这就够了。"可见，张仪对自己的游说能力是多么看重。

再说苏秦。苏秦是东周洛阳人（今河南洛阳），学业结束以后，他便开始周游各国，以图发展，先是说服了燕赵六国的国君，从而约定山东六国合纵扰秦。当时，经过商鞅变法的秦国已经成为七雄之中最为强大的国家，频繁地出兵攻打与之相邻的国家，对山东六国形成了巨大

的军事压力。对山东六国来说如何缓解

秦国的攻势，已经成为迫在眉睫的问题。

苏秦联络六国合纵抗秦正符合这一客观

要求。

　　苏秦已经约定六国合纵，可是他在

心里却很怕秦国反击，于是便想在秦国安

插一个人来阻止秦国破坏合纵的计划。

苏秦首先想到了张仪。在读书期间，苏秦

就感到张仪的才智远胜于他。而此时张

仪正是落魄之际，如果能通过某种方法

使张仪为秦国所用，必是两全其美的事。

于是他暗地派人前去劝导张仪说："你与
苏秦相好。现在苏秦正当权，你为什么不
去找他？"听了这番话，张仪便到赵国去
求见苏秦。可是，苏秦府上的门人却不肯
为他通报，原来，苏秦已经告诉门人：一
旦张仪前来求见不得为之通报，但又不
能让他走了。过了几天，苏秦才肯出来会
见张仪。在见面的时候，苏秦叫张仪坐
在堂下，赏赐给他奴仆的饮食，并且讥讽
他说："以你的才能、怎么会穷困潦倒到
这种地步。我实在无法让你富
贵，你不值得收留。"

四、苏秦激将，秦王重用

本来张仪自以为是苏秦的老朋友，一定会得到他的帮助，所以才前来投奔，可是没想到，不仅没有得到带助，却反受其辱，如何能解此恨呢？考虑了一番，他认为只有秦国才能使赵国陷于困境，于是便去了秦国。张仪走后，苏秦告诉他的舍人说："张仪是天下的谋士，我不如他，所幸的是我先有成就，能够得到秦国权柄的人只有张仪。但是他贫穷，没有门路进

入仕途，我恐怕他贪图小利而不肯上进，
所以把他召来羞辱、激怒他。你要为我好
好地在暗中帮助他。"然后，苏秦请求赵
王拿出金币车马，派那个舍人尾随张仪，
跟他住在一起，悄悄地接近他，在他需要
帮助的时候就给他车马金钱，但从不明
说是苏秦指使他这么做的。经过一番上
下打点，张仪终于见到了秦惠王，凭借出
众的才智被秦王任为客卿，筹划谋略攻

伐之事。见到大功告成，苏秦的舍人前来告别。张仪说："全靠你帮助，我才得到了官职，我将来一定报答你，你为什么要走呢？"舍人说："其实我不了解你。了解你的是苏秦。苏秦担心秦国进攻赵国，破坏纵约，他知道，只有你才能得到秦国的重用，所以才故意激怒你，暗中让我供给你路资。现在你已经得到秦国的重用，请

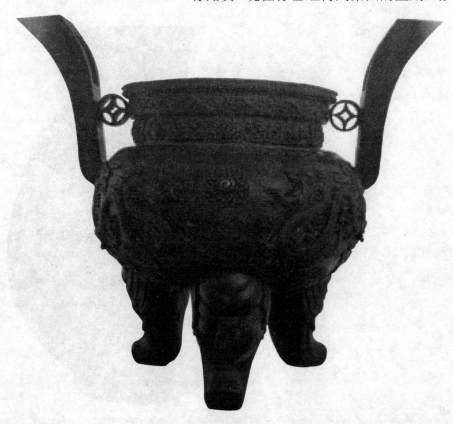

允许我回去向他报告。"张仪说:"哎呀,
我在圈套中却一点也不知道,我真的不
如苏秦。况且我刚刚得到任用,哪能图谋
赵国,回去替我谢谢苏秦。苏君在位的时
候,张仪绝不敢破坏纵约。"

次年,秦国仿效三晋的官僚机构开
始设置相位,称相邦或相国,张仪出任
此职。他是秦国置相后的第一任相国,位

居百官之首，参与军政要务及外交活动。

从此开始了他的政治、外交和军事生涯。

张仪拜相后，积极为秦国谋划。他采用连横术迫使韩、魏太子来秦朝拜，并与公子华（桑）攻取魏国蒲阳（今山西隰县）。又游说魏惠王，不用一兵一卒，使得魏国把上郡十五县，包括少梁（今陕西韩城南）一起献给秦国。秦惠文君十三年（公元前325年），张仪又率军攻取魏国的陕县（今河南陕县）。这样，黄河天险为秦所占有。随着秦国威势的不断增长，张仪辅佐秦惠文君于同年称王，秦国国势日益强盛。

五、巧妙游说
秦王

张仪在游说秦王的时候，一向注重语言的艺术。一次，张仪对秦惠王说："我听说这样三句话。第一，实际上不知道而乱讲的，是为不聪明。第二，知道了不讲的，是为不忠，不忠的人应当死。第三是知道了，也讲了，但讲得不详细、不清楚，也该死。"实际上，张仪的意思是遇到什么事我都要详详细细说给你秦惠王听，你不要不耐烦。但是张仪不便也不

能这样直说，所以说反面话，如讲得不详
细、不清楚当死，最后还加上一句，我把
我所知道的利害得失全部说给你听，但
是如果错了，甘愿领罪。他这么一说，即使
说错了，秦惠王也不好意思责怪他了。短
短几句话，就什么都讲到了。这就是说话
的艺术。

接下来，张仪向秦惠王把列国的局

势分析了一下："天下阴燕阳魏，连荆固

齐，收余韩成纵，将西南以与秦为难。他

们这种合纵的形势，我觉得可笑，大王请

放心，没有什么可怕。世界上有三个大原

则，谁违反了其中任何一个，就非灭亡不

可，这个人非失败不可。这三个原则是：

内政混乱的国家攻打政治修明的国家必

然灭亡；以邪攻正必然灭亡；以逆攻顺必然灭亡。"张仪指的是燕、魏、楚、齐、韩、赵这六国，每个国家的内政都很混乱，真正修明政治的只有秦国，因为自商鞅变法以后，秦国打好了政治基础。

张仪再分析天下的局势说："他们这些国家经济不能独立，后勤补给缺乏，把所有的人力都投入到前方备战了。在战场上，拿短刀的兵站在前面，拿斧头、长武器、重武器的在后列，可是这些国家的军队遇到真正的战争，就会逃跑，绝对没

有人冒死打仗。为什么呢？说是奖赏，可是不给；对于处罚，也没有彻底去执行。既然赏罚不明，人民就没有责任感，所以就不肯牺牲打仗了。"

张仪回过来头来分析秦国："秦国政治修明，命令贯彻，赏罚分明，许多秦国年轻子弟，因为国家富强、环境舒适，从离开父母的怀抱起，就没有见过敌人，一到战场上精神就来了，看见刀子都不怕，就是烧红的火炭都敢踩上去，死了就死了，愿意牺牲的人多的是。"秦国的老百姓为什么会做到这样呢？张仪说："断死与断生，在人的心里是绝对不同的，'断'就是断然，就是决心。断死就是决心牺牲，断生是决心求生投降，这两种决心是绝对不同的，而秦国的青年之所以会断死于前，是因为他们养成了一种战争责任感，有一种不怕死的精神，能够奋发，非牺牲不可，有个人的牺牲才有国家的强盛。"因此，秦国的士兵可以一个战胜十个，十个战胜一百个，一百个可以战胜一千

个，一千个可以战胜一万，一万个可以战胜天下了。张仪接着把秦国当时所处的列国形势、政治环境、地理环境、军事环境等一一分析清楚。最后，他说出一个秦国当前所应该采取的措施，实际上也就是张仪自己心里所希望造成的局势。他说："国防的经费那么大，无法打仗，停在那里，士兵都很困顿。经济上慢慢虚空了，国家的农业荒废了，国库都空虚了，结果四邻诸侯不服，称霸于天下是不可能的。

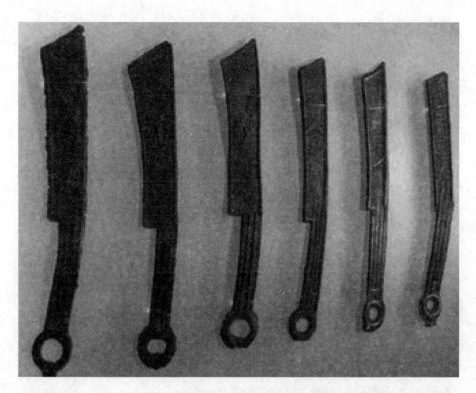

秦国之所以到了这个地步，都是文臣武将没有真正尽心贡献意见所致。"

他话说到这里，就是要挑起战争，他希望秦国出战，但是并没有直接告诉秦王，他提到齐国："历史上齐国称霸的时候，向四面攻破了各国，一个命令下来，列国都听他的。南有济水黄河，北有长城作为防线，像这样一个平原国家，各方面受敌，只要打一次败仗，齐国就完蛋了。

那个国家的命运注定非打胜仗不可，由此可以看到战争的重要。凡事挖根要彻底，不要留下祸根，但是对于与此事无关的部分，不要轻率地去伤害，伤害了就闯祸。"接着，张仪批评秦国军事策略上的错误："你们一度和荆国作战，破了荆国，拿下了鄢，取下了洞庭、五都、江南，荆王也逃亡躲到陈国不敢出来了。这个时候，如果秦国一路追击下去，则整个荆国可以拿下来，拿到了荆国，则秦民可贪、地可利，进而影响东面的齐国、燕国。中间可以驾凌赵、魏、韩等地，秦国就可以一战而称霸天下。而秦国的决策不是这样，反而引军后退，只打有限度的胜仗，跟荆人讲和了。结果，荆人又慢慢恢复了，强大起来了，又变成了秦国的敌人，所以第一个错误就犯下去，不能做盟主——称霸。"张仪接着讲秦国的第二个错误："有一次在北方的战争，秦国已经打到了梁国，把梁的城郭包围起来，已经可以把它拿下来；拿下了梁，魏国就撑不住了；得到了魏国，楚、赵就不会有斗志。赵亡，楚孤，一直下来，就可以称霸天下。结果秦国的谋臣又撤兵回来了，和魏国

讲和,魏国又壮大了起来。"第三点,张
仪谈到了秦国的内政,张仪说穰侯(秦国
的权臣)当政的时候,内政上兵力用得太
过分,想用一国的兵力完成两国的事,于
是服兵役的人,终年奔波在前线,国内的
农业退步了、商业破产了,农村衰落了,这
是第三点错误。张仪再分析:赵国的地形
也不便利,是亡国的地形,可是赵国在这
么不利的情形之下,仍旧出兵打仗。张仪
批评秦国当时的谋臣没有尽心负责任,
他继续说:"其余的国家,看秦国内在的
谋臣,外在的兵力,到底有多大力量,都
看得清清楚楚,现在国内是这样的情势,

而各国又联合起来，秦王应该多加考虑
了。"

　　然后张仪提出建议，先拿武王伐纣
的历史来打比方。说动秦惠王，最后的结
论，竟以自己的头颅来坚定秦惠王的信
心，可见张仪的说话艺术，也可以见到张
仪的用心良苦和求信之急了。

六、张仪之"破纵连横"

(一) 饰身相魏，计破合纵

连横最主要的目的就是拆散齐楚联盟，孤立这两个可以与秦国争霸的国家。张仪工作的第一步选择了魏国。为了更好地完成使命，张仪去魏国当了相国。

张仪的计划是让魏国先归附秦国，然后让其他各国仿效魏国的做法。但魏王不听张仪的意见。秦王愤怒之下，派兵

攻取了魏国的曲沃、平周两城，同时暗中
给张仪更为丰厚的待遇。张仪在魏居留
了四年后，一直没有什么业绩，直到魏襄
王去世，魏哀王即位。张仪感到机会来
了，又劝哀王归秦，哀王还是不听。于是
张仪暗中指使秦国攻魏。魏起兵与秦作

战，被秦打败。

第二年，齐国又起兵攻打魏国，并在观津战败了魏兵。这时，秦军又来攻打魏国，首先战败了韩申差率领的军队，斩首八万，使各国诸侯为之震惊。张仪心想时机成熟了，于是又劝说魏哀王道："魏国的土地纵横不满一千里，士兵不到三十万。地势四面平坦，与各国四通八达，没有高山大河的天险。从新郑（韩国都城）到大梁（魏国都城）不过二百多里

路，不论战车还是步兵，都不用花多大力
气就能到达。魏国南与楚国交界，西与韩
国接连，北与赵国靠近，东与齐国连界，
四方都要派兵驻守，这样一算，光守卫边
境的士兵就要在十万以上。再说魏国的地
势，自来就是战场。如果南边与楚交好而
东边不与齐国交好，那齐国就会从东面
进攻；和东方齐国友好而不和赵国亲善，

那赵兵就会从北面进攻；与韩国不和，那韩兵就会攻魏的西面；与楚国不亲，那楚兵就会侵犯魏的南面，这正是人们所说的四分五裂的格局啊！再说各诸侯国之所以合纵结盟，是想求得国家安全、巩固君王地位、增强军队力量、发扬本国声威。虽然现在各合纵国把天下当做一家，彼此结为兄弟，在洹水之滨杀白马立誓为盟，以坚定彼此的意志。但是即使是同一个父母所生的亲兄弟之间，都会发生争夺钱财的事，更何况加入合纵的国家了。照这种形式看来，合纵成功的可能性就微乎其微了！"

"大王您要是不依附秦国，秦国就会出兵攻打河外，占据卷、衍、燕等地，胁迫卫国，夺取卫国的阳晋，于是赵国不能南下援魏；赵国不能南下，那魏也就不能向北和赵国相呼应；魏国和赵国联络不上的话，那么合纵各国之间的交通就会断绝；这样一来，大王您要保全

魏国看来是没有希望了。"

"现在为大王着想，还不如依附秦国。有了秦国这样强大的靠山，楚国、韩国就不敢轻举妄动；没有了韩国、楚国侵扰的祸患，大王就可以高枕无忧，国家肯定没有什么可以忧虑的事情了。"

张仪接着给魏哀王分析："实际上，秦国最想削弱的国家是楚国，而最能削弱楚国的恰恰是魏国。虽然楚国有民富

国大的名声,但实际上却很空虚;它的军队人数虽多,但不能打硬仗。我们调集魏国的全部军队南下攻打楚国,获胜是可以肯定的。楚国一旦被割裂,最有利于我们魏国;楚国一旦衰弱亏损,秦国就会高兴。我们用这种方法既转嫁了灾祸,又安定了国家,确实是一件好事啊。大王如不听取我的意见,等到秦国出兵东向攻魏国,那时就是魏哀王您要想投靠秦国,看

来都不大可能了。"

张仪又开始拆主张合纵的人的台，说他们大多话讲得慷慨激昂，却很少有靠得住的。他们不过是希望说动一国国君，换取荣华富贵罢了。所以他们随时随地都在慷慨陈词，宣扬合纵的好处，以图打动一国的君主，实际上为的都是自己！"

道理讲到这里，张仪知道要为自己留一条后路了。于是，他又对魏哀王说出

了"众口铄金、积毁销骨"的道理来——

"众人的嘴巴可以使铁熔化，众多的坏
话能把骨头销毁。我张仪说了这么多，
一定会有人在大王面前讲我张仪的不是
的。大王一旦听信了他们的话，就一定会
责罚张仪。与其被大王责罚，我张仪不如
现在就辞职，现在就离开魏国！"

魏哀王听了张仪
的分析，觉得很有道
理，于是便背弃合纵
盟约，通过张仪与秦国结
好。张仪一回到秦国，仍然做
了秦国的相国。三年后，魏国又背叛
秦国重新加入合纵。秦国因此出兵攻魏，
夺取了魏国的曲沃城。次年，魏国重又归
附秦国。

（二）张仪诳楚

齐楚两国都是强国，并且已经结盟，
成为秦国称霸的主要敌人。要打败齐国

和楚国，首先必须拆散齐楚同盟。张仪推
行弱楚外交，正好迎合秦国战略上的需
要。

张仪自告奋勇去离间齐、楚间的关
系。传说这与他早年在楚国受令尹昭阳
鞭笞的经历有关，似乎不足为信。司马迁
在《史记》里说张仪后来在秦国担任相国
时，踌躇满志，传檄尹昭阳说："从前我
和你饮酒，我没有盗窃你的白璧，你鞭笞
我。你善于守护你的国家，我姑且盗窃你

们的都城。"张仪为秦取楚城是事实。但是如果他当真受过尹昭阳的侮辱，他岂能轻易放过素有贤名的掌中仇人？春秋战国类似的故事不少，如伍子胥鞭打楚平王的尸首，孙膑断足擒拿庞涓以及范雎受辱索取魏齐的首级等，都是极富戏剧性的例子。

接着再说张仪诳楚的过程。秦惠文王假意免除了张仪的相位，让张仪入楚

实施离间计。被秦惠王罢相的张仪，装作
满腹委屈、郁郁不得志的样子来到楚国。
张仪深知，楚怀王最宠信的权臣是上官
大夫靳尚，而靳尚又是贪财好利的小人。
于是，张仪一到楚国，便去靳尚处登门拜
访，并送去了大量的金银财宝。随后，在
靳尚的帮助下，张仪又用同样的方法，买
通了楚怀王的其他宠臣，然后才去晋见楚

怀王。

张仪的阴谋,在楚国遭到陈轸与屈原的反对,尤以屈原最力。陈轸和张仪本来都是秦惠王的客卿,均受器重又互相妒忌争宠。其后张仪为相,陈轸被排挤出楚国。陈轸对楚怀王的轻信张仪,很不以为然。他对楚怀王说:"秦之所以看重楚国,是因为齐楚相亲,倘若闭关绝约

于齐，楚国必陷于孤立。秦国是个贪夫

孤国，怎么能轻易献出六百里商地？张仪

返回秦国，肯定将来会负于楚国，这么一

来，楚国与北面齐国断交，而生患于秦，

那么两国之兵一定都会赶来消灭楚国。"

这次张仪来访，同样引起了屈原的警惕。

屈原为楚国三大贵族之一。他才智过人，

二十来岁便当了左徒高级谏官，一度得

到怀王信任。他的政治主张是对内选贤

任能、厉行法制，以改变大臣权力太重、分封太众的局面；对外力主联合齐国，合纵对抗秦国。公元前318年，屈原第一次出使齐国，促成了齐国和楚国联盟，五国合纵拒秦。他和陈轸均认为合纵之功不可废弃。可惜楚怀王惑于张仪之说，听不进屈原和陈轸的意见，竟然厚赂张仪、断绝与齐的外交关系，并且派一名使者随张仪进入秦国索要土地。张仪回到咸

阳，佯称下车失足受伤，三个月不上朝。
一直到齐国因为与楚国绝交转而结好于
秦国时，才开始出面接见楚国的使者，表
示愿意以个人食邑六里进献于楚怀王，并
责怪楚怀王误听六里为六百里，太看轻
了秦国的土地。楚怀王闻报后大怒，发兵
攻打秦国。秦庶长魏章迎战于月阳河南
丹水与浙汇合处，楚国大将屈匄丏战死，
损失兵力万余。再战于蓝田（今陕西蓝田
县境），又大败。秦国夺取楚国丹阳、汉
中两地，设置汉中郡。楚怀王再次受骗失

地，悔恨莫及。他命令屈原二次使齐，重修旧好。屈原以他的声望和外交才能，说服齐宣王以抗秦大局为重，重新与楚和好。此时陈轸奉命出使韩国，间道至秦，为秦惠王挽留任用。公元前311年，秦国再次攻打楚国，夺取召陵（今河南堰师县）。秦王遣使赶赴楚国，表示愿归还半个汉中与楚国修好。楚怀王提出只要张

仪，不要土地。张仪立即向秦惠王请命前往。他说："秦强楚弱，臣奉王之节出使楚国，楚国怎么敢加害于我。"而且上官大夫靳尚私受重贿，他买通楚王宠妃郑袖，而郑袖的话，楚王无不听从，所以张仪自信将不辱使命。张仪到达楚国，立即成为阶下囚。靳尚果然以"张仪被拘必将激怒秦王，天下看见楚国没有了秦国这个靠山，必定会轻视楚国"为由，又以"秦王将嫁美女于楚而夺其宠"威胁郑袖，劝

说她设法释放张仪，以换取张仪阻止秦王嫁女之举，并得到秦王的支持。楚怀王经不起郑袖迷惑，竟然又接见张仪，还待之以礼。张仪于是大肆吹嘘秦国如何强大，诋毁合纵者的主张是"危亡之术"，都是"饰辩虚辞，高主之节，言其利而不言其害"的不良之辈，他们的作为与驱赶羊群去攻打猛虎一样，楚国不与猛虎联盟而和群羊为伴，极为危险。又说"凡是天下的强国，不是秦国就是楚，不是楚国

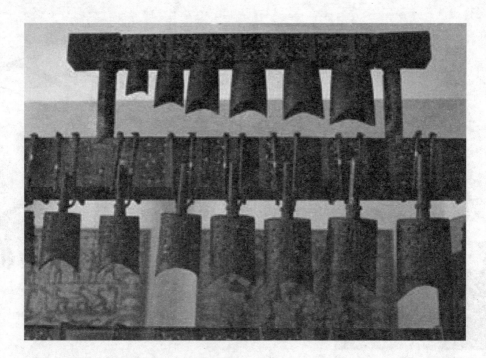

就是秦国，两国竞争，其势不两立"，这等于两虎相搏，获利者将为韩、魏。他建议楚国"举宋而东指，则泗上十二诸侯尽王之有也"。至于秦、楚，不但是近邻，而且世代相亲。他提议两国交质太子，他愿"请以秦女为大王箕帚之妾，效万室之都以为汤沐之邑，长为昆弟之国，终身无相攻伐"。怀王为之心动，打算满足张仪的要求。屈原再次挺身而出，竭力反对。他对怀王说："之前大王被张仪所欺骗，张

仪到了楚国，臣以为大王会杀张仪，现在竟然不忍心杀他，又听从他的邪说，绝对不可以。"楚怀王则认为"答应了张仪而得到黔中地区，是件美事，然后再食言，是不可以的"，最终还是与张仪达成了协议。

公元前278年，秦大将白起攻楚，取郢，将楚先王陵墓焚烧殆尽，秦置南郡固守。楚国从此一蹶不振，国都不得不东迁于陈，即春秋时为楚所灭的陈国（今河

南淮阳县境），丧失了大国地位，两国并立的时代结束了。屈原此时被流放至洞庭湖畔，听闻国都沦陷，痛心绝望，写下《哀郢》名篇："哀故都之弃捐，宗社之丘墟，人民之离散，顷襄之不能效死以拒秦。"最后写下《惜往日》绝命辞，抱石自沉汨罗江辞世。

张仪的弱楚外交之所以得逞，主要是凭恃秦国强大的实力而采取欺诈蒙骗的手段。屈原的联齐政策之所以再三失败，并非他的外交才能不如张仪，而是与当时形势，尤其是楚国内政腐败有关。司马迁在评论这一历史事件时，一方面颂扬屈原，同时批判楚怀王"不知忠臣之分，所以在内被郑袖迷惑，在外被张仪欺骗，疏远屈原而信任上官大夫、令尹子兰。军队被打败、土地被掠夺、损失六郡，自己客死秦国，被天下人所耻笑。这是不知人善任而导致的灾祸啊"。所以，知人善任才能振兴国家，这是多么深刻的历史教训。

张仪诳楚之后，又奉命出使韩、齐、

赵、燕、魏，以类似对楚、韩的说法，灭各国志气、长秦国威风，极尽威逼利诱之能事，说服各国连横亲秦。

（三）去楚访韩

张仪从楚国回来后，又顺道去了韩国，因为他熟知各国要害所在，同样能娴熟地运用威逼、利诱两手。张仪对韩襄王说："韩国地势险恶，生活在山陵之中，生长的五谷不是豆类就是麦子，且一

年没有收成，人们连糟糠都吃不上。韩国

纵横不到九百里，没有储存两年的粮食。

估计大王手下的军队，不足三十万，其中

还包括杂役人员在内。除去守卫边界亭

堡的兵士外，现成的可供调动的最多不过

二十万罢了。秦国的军队有一百多万，战

车千辆、战马万匹、勇猛的兵士不戴头盔

踊跃奔杀、弯弓射敌、持戟冲锋的，多得

数不清。秦军战马精良，士兵众多，马的

前蹄飞腾、后蹄猛蹬，速度快到前后

蹄之间一跃可以跨过三寻的，同样不

可胜数。山东六国的军队盔甲

齐整地与秦军会战，

秦军脱

掉盔甲袒

臂赤足来迎

敌，个个

左手提人头，右手挟俘虏。秦兵与山东六
国的士兵相比，好比勇士孟贲与懦夫；以
重兵相接触，好比力士乌获和婴孩。用孟
贲、乌获那样的军队作战，攻打不肯降服
的弱国，与把千钧重力直接压在鸟卵上
面没什么不同，肯定没有能够幸免的了。
各国的君臣们不考虑自己国土的狭小，
却去听信宣传合纵的人的甜言蜜语，他
们结成朋党，互相吹嘘，个个慷慨激昂地
说：'听了我的主意便可以在天下称强称
霸。'像这样不顾及国家的长远利益而听
信一时的谬论，贻误国君，没有比这更严

重的了。大王不归附秦国，秦就会发兵占据宜阳，截断韩国的上党地区，再东取成皋、荥阳，那么鸿台之宫、桑林之苑就不再属于大王所有了。要是阻塞了成皋，截绝了上党地区，那大王的国土就要被分割了。早归附秦国就安全，不归附秦国就危险。如果制造的是祸端却想要得到福报，计虑粗浅，结怨很深，违背秦国而顺从楚国，要想国家不亡，那是不可能的啊。所以我为大王着想，您还不如为秦国效劳。秦国最大的希望是削弱楚国，而最能削弱楚国的就是韩国。不是因为韩国比楚国强大，而是由韩的地势决定的。现在大王向西臣事秦国，进攻楚国，秦王必然高兴。攻打楚国有利于韩国扩大领土，转移了祸患，取悦了秦国，没有比这更好的主意了。"

韩襄王听从了张仪的主意。张仪回秦作了汇报，秦惠王听取张仪归报，甚为赏识，封赐五邑，号武信君。从此张仪更是趾高气扬。

（四）张仪访齐

不久，秦惠王又派遣张仪向东出使齐国。张仪对齐湣王说："天下的强国没

有能比得上齐国的,齐国的大臣百姓尽都富裕安乐。但是为大王出谋划策的人,全都是行的一时之计,不顾及百世的利益。主张合纵的人向大王作宣传,必定会说'齐国西面有强盛的赵国,南面有韩国与魏国。齐国是个滨海的国家,地广人多,军强兵勇,即使有一百个秦国,也将拿齐国无可奈何'。大王认为这种说法正确,但没有考虑它不合实际。主张合纵

的人拉帮结派，没有人不吹嘘合纵的好处。我听说，齐国与鲁国三次交战，鲁国三次获胜，但随着胜利而来的是国家的危亡，虽然有战胜的名声，但带来的是亡国的现实。这是什么原因呢？因为齐国强大而鲁国弱小啊！现在的秦国对于齐国，就好比齐国对于鲁国。秦、赵两国在漳水之滨交战，赵军两战两胜；在番吾城下交战，赵军又两次胜过秦军。这四战之后，赵国阵亡的兵士有好几十万，只剩下首都邯郸还得幸存，虽然赵国有战胜的名声，然而国家已残破了。这是什么原因呢？秦国强而赵国弱啊！现在秦、楚两国之间嫁女娶妇，成了兄弟国家。韩国献出宜阳，魏国献出河外，赵王到渑池朝见秦王，割让河间来臣事秦国。大王如不归附秦国，秦驱使韩、魏两国进攻齐国南部地带，全部赵国军队渡过清河直奔博关，临淄、即墨两城就不会属于大王所有了。齐国一旦被攻，那时就是想要附秦，也已经不可

能了。因此希望大王好好考虑一下这件事吧。"齐王听了直点头，便采纳了张仪的建议。

（五）张仪访赵

张仪离开齐国之后，又直接向西到达赵国，拜见赵王说："我们国君派我为使臣，向大王进献一条策略。大王为首收罗、率领天下诸侯来对付秦国，使秦兵不敢出函谷关达十五年之久。大王的声威遍播于山东，我们秦国恐惧屈服，整治武器和兵车战马，练习骑射、勤力耕作、积蓄粮食、闭守国门不出，战战兢兢，不敢有轻举妄动，只因为大王您有意和我们过不去。现在依靠大王的督促，秦国已攻占巴蜀、吞并汉中、囊括两周、迁移九鼎，据守白马津渡。秦国虽然偏僻边远，

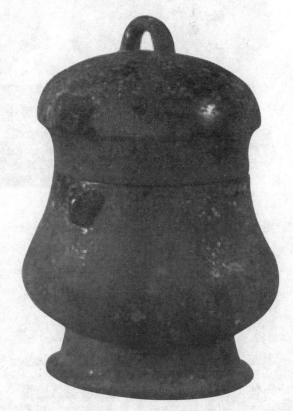

然而内心的愤怒已有很长时间了。眼下秦国有一支破破烂烂的军队驻守在渑池，准备渡过漳水，进占番吾，与赵军在邯郸城下相会，希望在甲子那天会战，以此来重演周武王伐纣的旧事，特别派我作为使臣预先来恭敬地告知大王。总地说

来，大王之所以缔结合纵盟约，是因为仗着有苏秦。苏秦用漂亮话迷惑诸侯，颠倒是非，企图倾覆齐国，结果使自己在刑场上被车裂。这样，天下不可能联合为一也就很明显了。如今楚国与秦国结成了兄弟国家，韩国与魏国自称为秦国东边的藩

属，齐国向秦献出盛产鱼盐的领土，这就
断了赵国的右臂。一个断掉了右臂的人与
别人相争，结果可想而知。现在秦王派出
三个将军：其中一支军队截断午道，通知
齐国派兵渡过清河，驻扎在邯郸的东面；
一支军队驻扎在成皋，驱使韩国和魏国
的军队驻扎在河外；一支军队驻扎在渑
池。这四国结为一体来进攻赵国，赵国被
攻破后，它的国土必定会被四国分占。因
此我不敢隐瞒这种意图，先给大王通个
口信。我替大王着想，你不如与秦王在渑

池相会，面对面亲口约定，请他按兵不要
进攻。希望大王拿定主意。"

赵王说："先王在时，奉阳君专权擅
势，蒙蔽欺骗先王，独断一切政务，我的
生活归师傅安排，没有参与国家的大计。
先王去世时，我年龄幼小，做主治国的时
间才刚刚开始，内心本来就暗自怀疑，认
为一意投入合纵盟约而不依附秦国，不

是赵国的长远利益。所以我准备改变主
意，割让国土弥补以前的过错，归附秦
国。正待安排车马启程时，恰好听到了您
的英明指示。"赵王答应了张仪以后，张
仪便离开了赵国。

（六）张仪访燕

张仪北行到燕国，对燕昭王说："大
王所亲近的莫过于赵国吧。过去赵襄子

曾经让他姐姐嫁给代王作妻。后来他想
要吞并代国，邀约代王在句注山的要塞
相会。他先令工匠制作了金斗，把金斗的
尾部做得很长，使它可以用来袭击别人。
赵襄子在与代王饮酒时，悄悄吩咐厨子
说：'趁着酒饮得酣畅高兴的时候，你送
去热汤，然后掉转金斗袭击代王。'于是
在酒饮到酣畅高兴之时，上热汤了，厨
子送上汤勺，随即将金斗倒转过来打死
了代王，代王的脑浆流了一地。赵襄子的
姐姐听到这个消息，便磨快头上的金簪

自刺而死，所以到现在就有了'摩笄山'这个名称。代王的死因，天下没有不听说的。"

"赵王如此狠毒，连亲戚都不放过，大王您看得很清楚，又怎能把赵王当做可以亲近的人呢？赵国起兵进攻燕国，两次围困了燕的都城要挟大王，迫使大王割让了十座城来谢罪。现在赵王已经到渑池朝见秦王，献上河间一带给秦国。现在大王如不归附秦国，秦国就会发兵到云中、九原，驱使赵国进攻燕国，这样

一来，易水、长城就不再属于大王所有
了。"

　　"再说现在的赵国对于秦国而言，
好比秦的一个郡县而已，不敢妄自兴兵
打仗。目前大王如依附秦国，秦王必定高
兴，赵国又不敢轻举妄动，这样燕国西面
有强大的秦国为援，同时南面没有齐国、
赵国的侵犯，所以希望大王慎重地考虑
这件事情吧。"

　　燕王说："我像蛮夷一样处在偏僻地
区，虽然是个大男子，但好像一
个婴儿，说的话不值得作
为正确的意见看待。
今天幸承贵宾指
教，我愿意西向
依附秦国，并献
上恒山末端的五
座城池。"燕王听
从了张仪的意见。连
横至此形成。

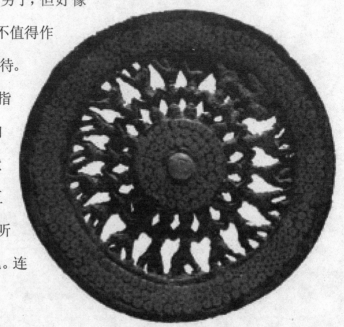

七、巧施连环，
避祸于魏

周赧王四年（公元前311年），当张仪游说东方诸国大功告成、欣然返秦时，一件不幸的事情发生了——秦惠王去世了。张仪顿时如冷水浇头、万分沮丧。他深知，继位的武王自做太子时就讨厌自己，朝中群臣见他在惠王面前备受恩宠早已妒忌万分，如今武王继位，自己恐怕要凶多吉少了。果然，张仪一回到秦都咸阳，便成了众矢之的。群臣纷纷乘机进谗，说

道："张仪为人没有诚信，左右卖国以取
荣。如果仍任用他为相国，恐怕大王您
会被天下人耻笑了。"各国诸侯听说张仪
与秦武王不睦，都感到连横亲秦之举前
途黯淡，又都背叛连横之约，纷纷实行合
纵的外交政策。

于是，秦国众臣借机更加诋毁张仪，
把诸侯疏秦之举全归罪于张仪。齐国此

时又落井下石，特派使臣前来责备张仪。内攻外扰，步步紧逼，大有不杀张仪誓不罢休之势。张仪失去政治靠山，面对目前岌岌可危的形势，看出秦国已不宜久留，如不知难而退，迟早要招致杀身之祸。于是，他左思右想，陡生一计。他对秦武王说："大王，最近一段时间，东方各国均无战事，友善相处。依臣看来，这对我们秦国是非常不利的。因为，只有东方各国兵戎相见、战火不断，我们秦国才可以乘机割占更多的土地。"

秦武王继位以来，一心想扩大疆域，

以显示其大有作为，只是苦于没有可行的
良策。今见张仪提及，知其有打算，顿时
来了兴致，忙问："依你的意见呢？"

张仪说："我听说齐王最恨张仪，张
仪在何处，齐王必会兴兵讨伐他。因此，
我愿意以不肖之身前去魏国，齐国必定
会兴师讨伐魏国。齐、魏两国一旦交战，
大王便可以乘机讨伐韩国，进入三川，出
兵函谷而不进攻其他国家，只逼近周京，

周朝的祭器就会交给大王。到那时，大王就可以挟持天子以令诸侯，成就帝王之业！"

秦武王信以为真，不胜欢喜，立即表示赞同，并且出动了三十辆兵车，隆重地送张仪去魏国。张仪手持秦王的符节，一扫近来的沮丧而有些春风得意了。张仪并非得意忘形之人，这不过是他故作姿态

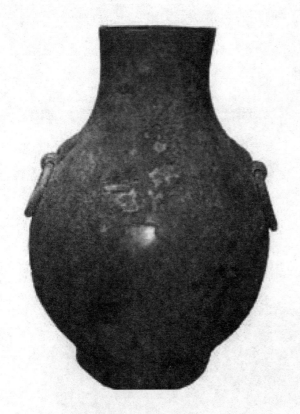

以掩饰内心的落魄而已。

张仪一到魏国,齐国果然兴师讨伐魏国。魏襄王惊恐不安,觉得因张仪而使魏国无端受害,实在不值得。有意让张仪离开魏国回归秦国,又觉得此话不好开口。正在焦灼万分、左右为难之际,张仪不请自到,主动拜见魏襄王说:"大王,您恐怕正在为齐国动兵之事担忧吧?大

王您不要担心忧虑，不需要大王的一兵一卒，我即刻让齐国罢兵。"魏襄王将信将疑，但见张仪如此胸有成竹，又对退兵之计如此讳莫如深，尽管心里惴惴不安，但还是同意了张仪的主张，于是说道："退却齐军之事，全仰仗先生您了。"

原来，张仪早已派出家臣冯喜，让他先赶赴楚国。等到齐国对魏发兵的时候，

冯喜已经以楚国使臣的身份出现在了齐王的面前。

冯喜对齐王说："据我所知，大王十分痛恨张仪。但是，大王因为他在魏国就攻打魏国，这恐怕反倒救了张仪啊。"齐王不解，问其中的缘故。冯喜便把张仪与秦武王所定之计和盘托出，然后说道："如今张仪进入魏国，齐王果然立即发兵攻打魏国，这是大王对内消耗齐国国力而对外讨伐联盟邦国，并使秦王深信张仪之谋。这难道不是在帮助张仪吗？"齐王觉得言之有理，心里叹道："张仪呀，张仪，我又险些中了你的奸计！"于是罢兵而去。

魏襄王忽闻齐国偃旗息鼓，自行撤兵，当然是不胜惊喜，对张仪越发宠信百倍，甚至还让他担任了相国。然而，张仪相魏仅一年，便于周赧王六年（公元前309年）死于魏国。至此，一代纵横家张仪的历史画上了句号。

八、张仪的历史
地位和影响

(一) 时势造英雄

战国二百多年封建割据战争的历史，就其发展历程来看，大致可以分为两个阶段，即公元前341年齐魏马陵之战以前，基本上是以东方六国矛盾对立所体现的在东方国家之间无休止的混战，以后便逐步转变为列国间合纵连横的战争。这一战争形势转变的关键，便是齐魏马陵之战，齐国大胜魏国，以及接踵而来

的齐、赵、秦三国多次给予魏国的致命打击与楚国的趁火打劫。正如梁惠王对孟子所说:"晋国指魏国天下莫敌的强大国家。及寡人之身,东面败于齐国,长子死焉,向西丧失土地秦七百里,南面受楚国之辱。"这样就根本改变了战国初六七十

年间魏国作为天下莫敌的强大国家的形象。

　　马陵之战后，魏惠王以"军队多次被秦国打败，国库亏空，国家每况愈下，所以派遣使节割让河西之地与秦国讲和，而魏国于是离开安邑，迁都大梁"。因此，在这魏国日削，秦国向东扩张的门户洞开，而且随着东进得势，兼并野心日益

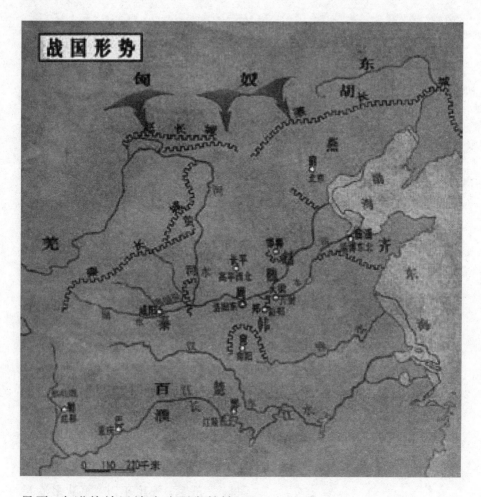

暴露，东进势焰日益咄咄逼人的情况下，

不仅来自秦国的实力威胁，首先直接关

系着韩、赵、魏三晋国家的安危与存亡，

也关系到齐楚在中原地区扩张的利益。

就是地处僻壤的燕国，也不免有唇亡齿

寒的感受。如顿子所说"韩国是天下的咽

喉，魏国是天下的胸口"。苏秦也说"韩国和魏国，是赵国南面的庇护""秦国没有韩魏之蔽护，那么灾祸必中赵国了"，并劝说燕文侯道："燕国之所以不触犯外敌，是因为有赵国为燕国在南面蔽护着。"劝说楚威王道："秦国之所以害怕楚国，是因为楚国强大则秦国弱小，秦国强大则楚国就弱小，秦国与楚国二者势不两立。"又周子对齐王说道："对于齐国、燕国两国来说，赵国是它们的庇护，

就好像牙齿有嘴唇保护一样，嘴唇没有

了，那么牙齿就感到寒冷，今天如果赵国

灭亡了，那么明天就会轮到齐燕两国了。"

总之，自齐国和魏国马陵战争之后，随着

魏国实力的日益削弱，相反的则是秦国实

力日益强大，东进野心日益暴露，这就势

必引起秦与东方国家的矛盾日益尖锐，

与此同时，由于东方六国之间存在着根本的矛盾冲突以及东方各国与秦国的矛盾事实上存在着差别，即不同程度的利害冲突，因而也就反映为列国或纵或横的极其复杂、极其微妙的外交关系和军事行动。这就是战国年间合纵连横出现的基本形势。在此形势下，涌现了一大批

政治、外交活动家，即当时所谓的纵横
说士，时人誉之为"大丈夫"。张仪与苏
秦就是这些纵横家的主要代表人物。他
们有着过人的才智，对于列国纵横战争
新形势有深刻的分析，对各国的政治、经
济、军事与历史都有深入的了解与掌握。
他们纵横捭阖，游说各国，"度时君之
所能行，出奇策异智，转危为安，运亡为
存"，其事迹"亦可喜，皆可观"。他们是

列国政治、外交活动的风云人物。正如景春对孟子所说的那样，是"一发怒而天下害怕，他们安居乐业而天下太平"，叱咤风云，不可一世，对列国割据兼并战争、形势的变化与发展，产生了巨大的作用和影响。司马迁说过："苏秦合纵六国，秦兵不出函谷关者十五年。"

（二）张仪的外交成败

张仪，是战国时期著名的政治家、

外交家和谋略家。曾两次担任秦国的相国（丞相），主要政绩是在秦国倡导"连横"政策，以对付其余六国的"合纵"抗秦联盟。

张仪连横亲秦的重点在于弱楚，从外交战略的高度来说，这一构想虽然是对合纵战略的必然反应，还算是高明的。然而他弱楚的手腕，主要靠贿赂收买和诡计欺骗，就显得十分卑劣了。"兵不厌诈"是指行军作战而言，外交则重信义。张仪的外交战略固然成功了，而其外交手段却是低下的。

张仪的为人，从他如何处理同事关系就可以看出来。当时与张仪共事的秦国名臣，有陈轸、公孙衍、樗里疾和甘茂等人。张仪为了排挤陈轸，竟暗地里对惠王说他奔走于秦楚之间，极得楚王赏识。尤其恶毒的是，张仪诬陷陈轸经常把国

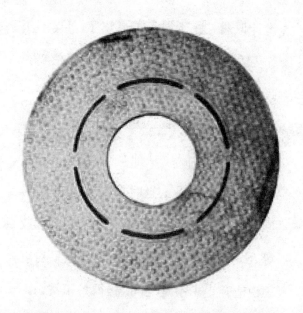

情告诉楚国，因此不能与他一起共事，请求大王驱逐他。等到他到楚国，请大王杀他，逼得陈轸不得不离开秦国。张仪与公孙衍都是魏国阴晋（今陕西华阴县东南）人，但他对公孙衍毫无乡谊，而是心怀妒忌，以种种卑劣的手段迫使公孙衍出走。他死后，公孙衍回到咸阳，一度为秦相。

张仪与樗里疾有过节，也是想要除去樗里疾才甘心。樗里疾原是王族显贵，也是屡建战功的封君，张仪已居相位，竟不惜谗言中伤，设计陷害。他派樗里疾出使楚国，却又暗地里告知楚王留樗里疾为相。同时对秦惠王说，因看重樗里疾才委以重任，不料他到了楚国，竟对楚王说，如果要使张仪在秦失宠，愿为之效劳。楚主自然愿意，所以派人来要求将樗里疾留为楚相。若是答应了，樗里疾必以国事楚。秦惠王因此非常生气。弄得樗里疾不但完不成出使楚国的任务，而且不得不出走逃亡。张仪与甘茂也因争高低而失和。

司马迁为张仪立传，也说张仪为人比苏秦恶劣，苏秦之所以独蒙恶声，与张仪揭露苏秦的短处来扶持自己的学说有关。张仪死在苏秦之前，不可能在苏秦死后诋毁苏秦，对苏秦极尽谩骂之能事，显然是张仪的门徒。司马迁说张仪是"倾危之士"，的确是盖棺定论。

谋略，中国古代文化又称为纵横之

术、长短之术、勾距之术。战国中后期，秦国经过商鞅变法，国力日益强盛，不再甘心居于一隅之地，遂把侵略的矛头指向东方。马陵之战后，齐国代替魏国成了中原地区的霸主。这样，秦、齐都以向中原地区扩张作为自己的主要发展方向，已有的混战局面更为错综复杂。处在东西二强夹缝下的韩、赵、魏三国为了图谋自存，联合起来，并且北连燕、南接楚，东抗齐或西抗秦，称为"合纵"，也就是"合众弱以攻一强"；如果弱国被齐国或秦国

拉拢联合，进攻其他弱国，就被称为连横，就是"事一强以攻众弱"。战国晚期，乐毅破齐，齐国一蹶不振；长平之战，赵国严重削弱，秦国取得了对东方六国的绝对优势。合纵连横政策也就包含了新的含义：即东方六国并力抗秦，称为合纵；秦联合东方某一弱国对付其他弱国称为连横。于是，一批对当时各国家政治

形势非常娴熟、善于辞令和权术、从中获
取功名利禄的说客应时而生，史书上称他
们为"纵横家""谋略家"。而纵横也好，
长短也好，勾距也好，策士也好，谋略也
好，统统都属于阴谋之术，以前有人所说
的什么"阴谋""阳谋"，并不相干，反正
都是谋略，不要把古代阴谋的阴，和"阴
险"相连，它的内涵，不完全是这个意

思。所谓的阴，是静的，暗的，出之于无形的，看不见的。

张仪在商鞅变法的基础上，"外连衡而斗诸侯"，与秦国的耕战政策相配合，运用雄辩的口才、诡谲的谋略，纵横捭阖，游说诸侯，建立了诸多功绩，在秦国的政治、外交和军事上成为举足轻重的人物。他在风云多变的险恶环境中，凭借外交手段，采用连横策略，使秦国的国威大增，在诸侯国中产生了巨大的威慑作用。张仪凭借着高超的智谋和说辩之术，瓦解了苏秦生前所创的六国合纵。在他

死后，虽然六国背离连横，恢复合纵的情
况，但是已无法持久。可以说，张仪的连
横之术成了后来秦灭六国、统一天下的基
本战略。

　　对于张仪的一生，历来褒贬不一，其
不讲信义、气量狭小的人格为人所不齿，
但其审时度势、运筹帷幄、出色的才能和
过人的勇敢又被人所称道。张仪虽然用
阴谋欺骗了楚国，可是在战国时代特定的
历史环境下，这又无可厚非，因为
那本来就是一个"贵作力而少
信义"的时代。

反倒是贪利忘义的楚怀王，为后人留下了千古笑柄。见利心喜，不识大体，无论是个人交往，还是国与国之间的交往，这等人最终只能是自求其败，古今一也。张仪的历史作用在于为秦最后统一中国排除了楚国这一大障碍，其积极意义是显而易见的。

所以，史家称张仪"瓦解纵约势如破竹，组织连横节节成功"，"为秦国逐步统一中国的事业做出了历史性贡献"。